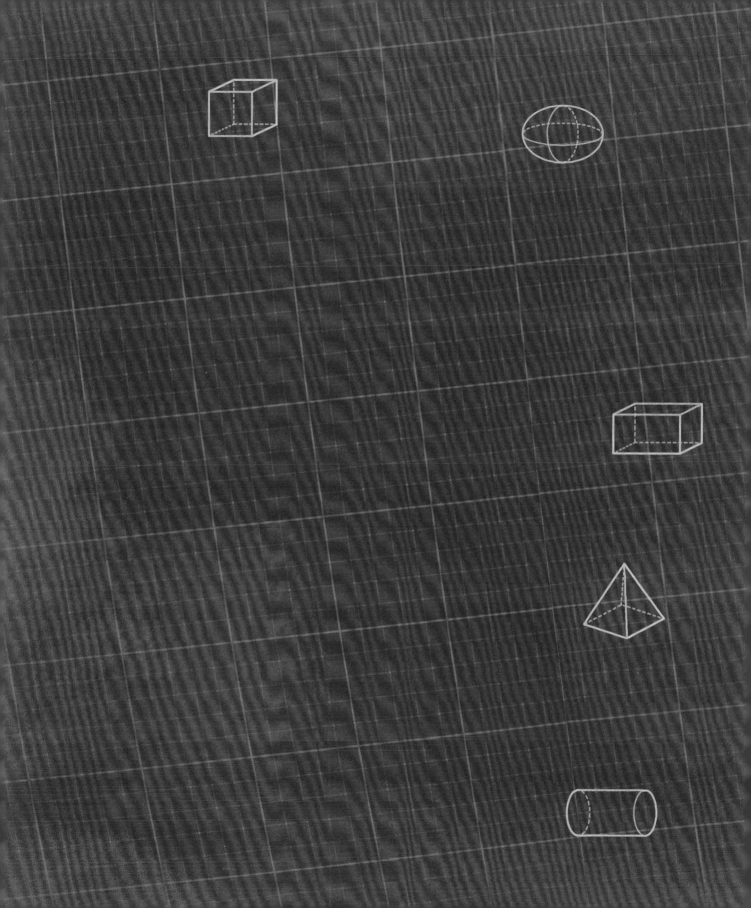

夢想STEAM職業系列

我是未來
數學家

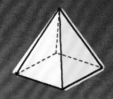

辛妮・索馬拉博士　著

嘉芙蓮・科　協作

納迪婭・薩雷爾　繪

新雅文化事業有限公司
www.sunya.com.hk

糟糕了！艾莉亞睡過頭。今天，她的表姐會帶她去露營。出發的時間快到了，艾莉亞趕緊換好衣服。

　　「嗨，艾莉亞！」樂萍說，「你準備好出發了嗎？」

　　「準備好了！我們要去哪裏？」

　　「是你意想不到的地方。」樂萍向她眨了眨眼，「我們先去買些東西。」

3

「我們要去兩間店舖買東西。」
樂萍說，「那麼我們可在每間店舖分
別購買多少件東西？」

- 營釘
- 繩子
- 水果
- 棉花糖

艾莉亞計算了一下，說：「總共要買 4 件東西⋯⋯可以在一間店舖買 2 件，另一間店舖也買 2 件。又或者可以在一間買 3 件，另一間買 1 件！」

樂萍點點頭說：「數字與我們的生活息息相關！」

「我要買些新的營釘，因為舊的都彎曲了。」樂萍說。
她們一起走進第一間店舖裏。

「營釘必須是直的，才能拉緊
繩子，而且要以適當的角度釘進地
裏，緊緊抓住泥土，否則釘子會鬆
脫，帳幕便會倒下來！」

「什麼是角度？」艾莉亞問。

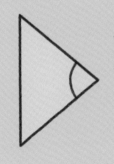

角度就是兩條交接的線之間的距離，
角度的量度單位是「度」。

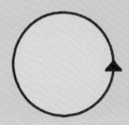

一個圓形的角度是 360 度……

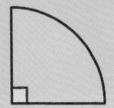

而四分之一個圓形裏的角度是
90 度，又稱為直角。

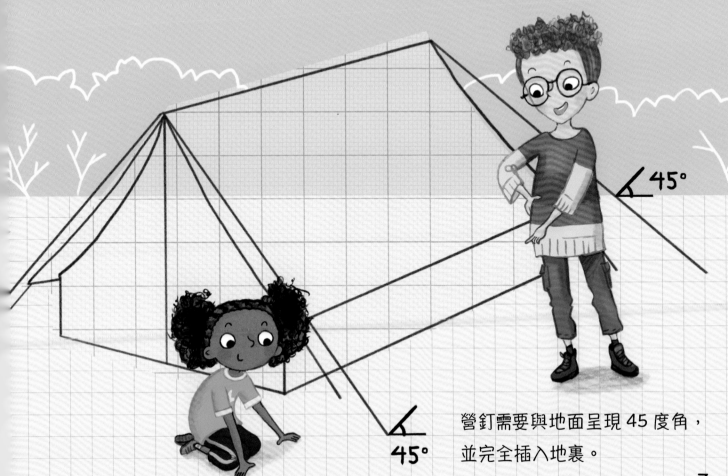

45°

營釘需要與地面呈現 45 度角，
並完全插入地裏。

45°

艾莉亞看了看購物清單，說：「我們可以在這裏買到繩子呢！」
她拿起身旁的一束繩子，但樂萍卻搖搖頭。

「這束繩子太粗了，不適合綁住營柱。我們要買 4 毫米粗的繩子。」

「毫米是什麼？」艾莉亞問。

「毫米是一種量度物件長度的單位。」

樂萍繼續說：「10 毫米等於 1 厘米，

而 100 厘米等於 1 米。

那麼，1 米等於多少毫米？」

艾莉亞用心地想了想。「10 乘以 100……等於 1000 ！」

「對了！」樂萍說，「你的數學能力跟我一樣，很不錯呢！」

「你的職業也是和數學有關的嗎？」

「是啊，我從事天文統計的工作，
負責分析太空數據。」

「很厲害啊！」艾莉亞說。

她們走進超級市場，來到售賣水果的貨架旁。

「我們應該帶什麼水果去露營？」樂萍問。

「橙？」

「嗯，雖然橙很美味，但似乎不太容易放進我們的背包裏！
你知道橙的立體形狀叫什麼嗎？」

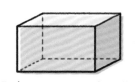

「它不是長方體，

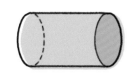

也不是圓柱體，

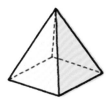

亦不是錐體⋯⋯」

艾莉亞說：「是球體！」

艾莉亞細心觀察不同的水果，發現大部分的水果都是球體的，例如蘋果、蜜瓜和西柚。這些水果都太大了，很難放進背包。蜜柑也是球體的，但比較細小，可以放進口袋裏！

「最後，我們還要買的是……」樂萍說，「棉花糖！」

她們找到棉花糖的時候，艾莉亞看見一個宣傳牌。

「那個牌子上寫的是什麼意思？」她問。

是日優惠：

全部棉花糖

半價

「半價其實與分數有關。」樂萍說，
「分數是整數的一部分。我們可以用一個
圓形的餡餅來認識分數。」

分數下面的數字稱為分母，表示
要將餡餅切成多少等分。

而分數上面的數字稱為分子，
表示可以取去多少分。

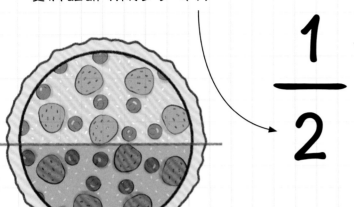

$$\frac{1}{2}$$

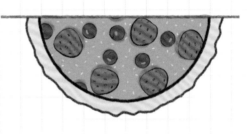

所以 $\frac{1}{2}$ 是表示要把餡餅切成兩等分，
然後可以取去一分。

「那就剩下半個餡餅嗎？」艾莉亞說。

「沒錯！現在棉花糖半價，即是我們買
兩包，只需要付一包的價錢呢！」

13

買完東西後，艾莉亞和樂萍離開商店，向着火車站前進。

「我們要在 20 分鐘內到達火車站。這段路通常只需 10 分鐘就走完了，時間很充裕，不過今天我們背着沉重的背包，可能會走得慢些。」

「所以我們用平時一半的速度走路，也能準時到達嗎？」艾莉亞問。

「正是！」

「但是我們要去哪裏？」

「你很快便知道了。」樂萍說，「我們乘搭的火車會經過 12 個車站。如果站與站之間的車程是 5 分鐘，那麼我們的旅程總共需時多少？」

艾莉亞皺着眉頭，說：「我可以用你手提電話上的計算機嗎？」

「嗯，計算機是很有用的工具，但是如果我們能用自己的頭腦計算會更好呢！」

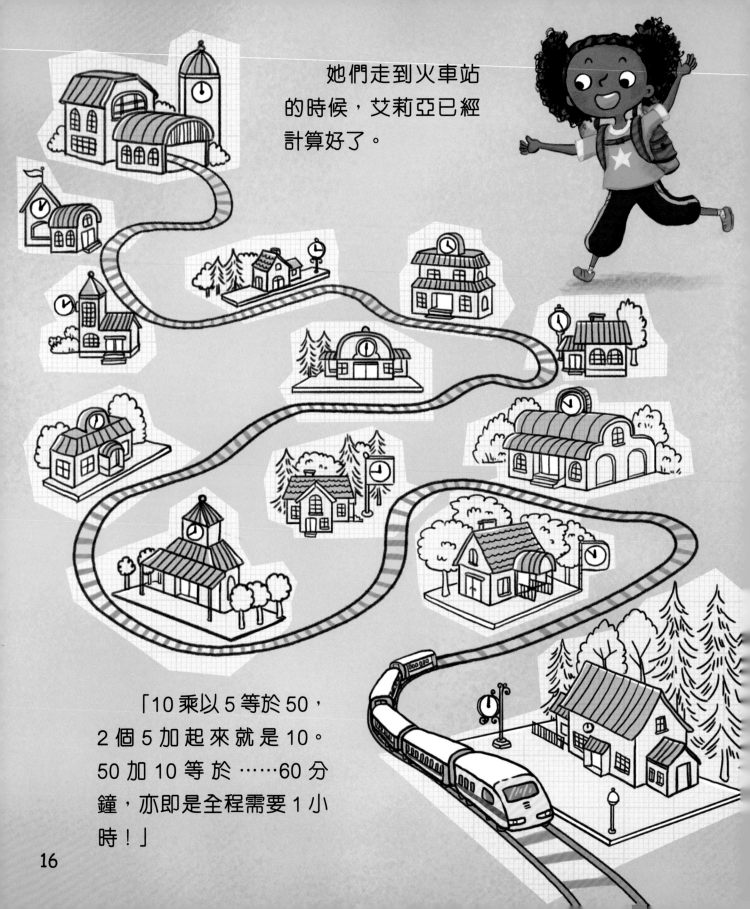

她們走到火車站的時候，艾莉亞已經計算好了。

「10 乘以 5 等於 50，2 個 5 加起來就是 10。50 加 10 等於 ……60 分鐘，亦即是全程需要 1 小時！」

「看，你並不需要計算機呢！但是如果數字很大，計算機便很有用了。」樂萍說。

布萊茲・帕斯卡 (Blaise Pascal)

在 1642 年發明了第一部機械式計算機，稱為帕斯卡計算器。計算器上有一排刻有數字 0 至 9 的金屬滾輪，轉動滾輪上對應的數字，就會顯示答案。

這部計算器可以處理 5 位數的加法和減法。後來帕斯卡再發明了 6 位數和 8 位數的計算器。他一共造了 50 部計算器呢！

「這是什麼？」艾莉亞指着火車上的一個屏幕問。

「屏幕上顯示的是每個車廂的載客量，讓你知道可以在哪個車廂找到座位。喔！你有聽過南丁格爾的故事嗎？」

「她好像是個護士，對吧？她幫助了很多士兵。」

沒錯，她所做的還不止這些事情。她也是一個才華橫溢的數學家，繪製了一些跟這個很類似的圖表。

弗羅倫斯・南丁格爾
（Florence Nightingale）
在醫院工作的時候，收集了一些有關病人和醫院衛生情況的數據。她想知道衛生情況跟病人康復與否有沒有關係。

其後，她發表研究成果，用玫瑰圖（或稱雞冠花圖）來展示數據，說明醫院的衛生情況如何影響病人的健康。她的工作拯救了不少人的生命。

她們在一個很小的火車站下車，車站旁是一個大森林。

她們向着森林走去，沿途各種各樣的樹木和植物，令艾莉亞歎為觀止。「這裏真的充滿了大自然的氣色啊！」

樂萍咧嘴而笑，「大自然裏也有數學啊。數字令這個世界更加美好！」

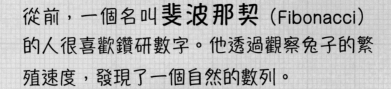

從前，一個名叫**斐波那契**（Fibonacci）
的人很喜歡鑽研數字。他透過觀察兔子的繁
殖速度，發現了一個自然的數列。

這個數列稱為斐波那契數列，由數字 0 和
1 開始，而下一個數字，就是將之前兩個
數字加起來：
0，1，1，2，3，5，8，13，21，34，
55，89，如此類推……

後來，科學家發現以上數字排列的模式，在許多不同的
自然生態裏也能找到，例如松果和貝殼上的螺旋形。

她們走着走着，樂萍忽然停了下來。「看！我們到了！感覺如何？」

艾莉亞一直往上、往上、往上望……她從來沒有見過這麼高的樹！

「這些樹叫花旗松，是世界上最高的樹木之一。它們可以生長至超過 60 米高，比太空穿梭機還要高呢！」

花旗松

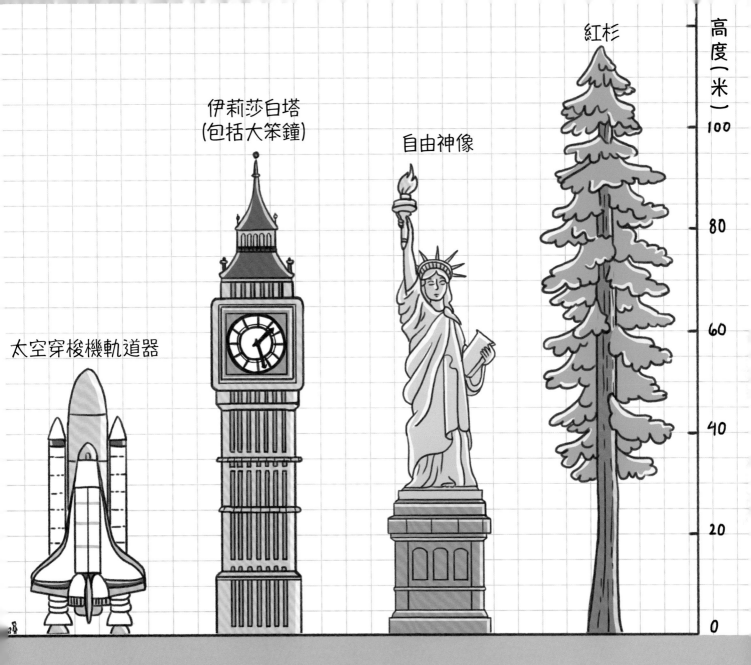

太空穿梭機軌道器

伊莉莎白塔
(包括大笨鐘)

自由神像

紅杉

高度（米）

100

80

60

40

20

0

「花旗松比大笨鐘還要高嗎？」艾莉亞問，「與自由神像相比又如何？」

「它可沒那麼高。」樂萍說，「大笨鐘和自由神像都接近100米高。沒有多少棵樹能長得那麼高，除了紅杉。有史以來，最高的紅杉有116米高！」

艾莉亞和樂萍在一個平原上開始紮營。

「請你將繩子遞給我，可以嗎？」樂萍問。

艾莉亞想把繩子拋給表姐，但拋得不遠。

軌跡對太空飛行尤其重要，因為你需要知道太空船會飛到哪裏，以及它會如何飛行。**嘉芙蓮・莊臣**（Katherine Johnson）是一位研究軌跡的專家，在美國太空總署（NASA）工作。

「有些東西的軌跡比較短。」樂萍說，「軌跡是指一件物體在空中的路徑，這是數學的另一部分。」

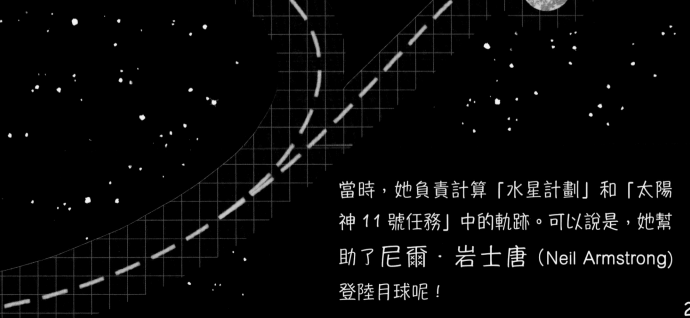

當時，她負責計算「水星計劃」和「太陽神 11 號任務」中的軌跡。可以說是，她幫助了尼爾·岩士唐（Neil Armstrong）登陸月球呢！

25

「天上有很多星星啊！」艾莉亞一邊烤棉花糖，一邊說。
她從來沒有見過那麼多的星星。

「星星與數學也有關。我們可以計算出星星之間的距離，
也能知道星星是由什麼物質組成的。」

卡羅琳・赫歇爾（Caroline Herschel）是一位數學家，也是全球第一位女天文學家。她的哥哥**威廉・赫歇爾**（William Herschel）是英皇喬治三世的御用天文學家，他發現了天王星。

卡羅琳時常幫哥哥處理計算問題，不久，英皇喬治三世聘請她當威廉的助手。1786 年，她成為首位發現彗星的女性，之後她再發現了 7 顆彗星。

「嘩，數學真的是無處不在，就連外太空也有！」
艾莉亞說：「我還有一個問題⋯⋯」

「我如何能像你一樣
成為一位數學家呢？」

數學家常常透過運用數字和建立規則，來理解和改善周圍的環境。他們會提出很多問題，通過留意事物的規律和驗證他們的想法，來尋找答案。

你每天也可以用數學尋找不同的答案！

如何跟 3 個朋友
分享 2 個橙？

還有多少天才到
你下次的生日？

走過學校操場一共
需要多少步？

步行上學需時多少？

你會按照玩具的大小或
形狀來分類嗎？

數學家可以幫助我們解決生活上各種大小問題。如果你
喜歡尋找問題的解決方法，那麼善於處理數字會很有幫助！

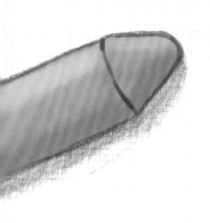

如何培養良好的數學能力？

我們每天都會接觸數學。我們用數字來計算物件和金錢的數目、估計所需的時間和量度不同的形狀。其實，你也可以從數學中找到樂趣呢！試跟朋友一起玩以下的遊戲，看看你能否算出答案！

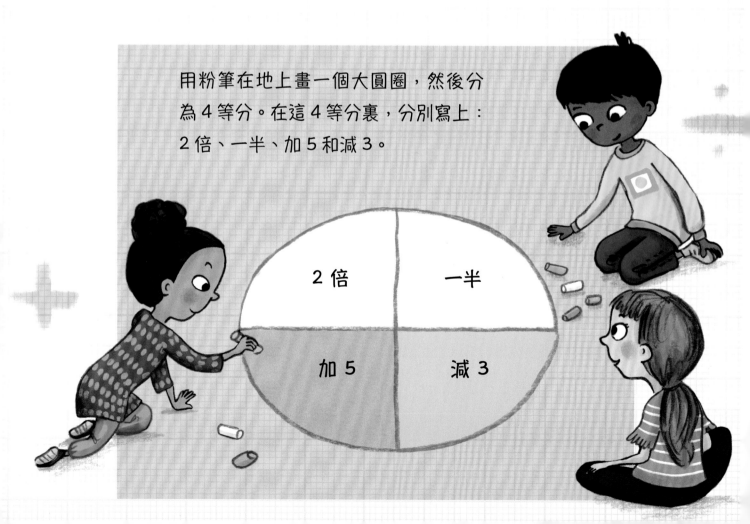

用粉筆在地上畫一個大圓圈，然後分為4等分。在這4等分裏，分別寫上：2倍、一半、加5和減3。

2倍 | 一半
加5 | 減3

在小紙條上隨意寫下一些數字，然後對摺，把數字隱藏起來，再將這些紙條放進盤子裏。

輪流抽出一個神秘數字。

把一隻布娃娃拋進圓圈裏，看看你能否說出答案，例如布娃娃在「2倍」的範圍內，便要算出你的神秘數字的2倍是多少。

有時我們不能即時答對，但是沒關係！我們可以從錯誤中學習。

2倍

一半

加5

減3

謹將此書獻給爸爸、媽媽和索拉雅，並特別獻給夏琳，因為她天賦的數學才能，啟發了我撰寫這本書。謝謝你們的支持和疼愛。

辛妮・索馬拉

感謝爸爸、媽媽一直以來的支持、鼓勵和信任。尤其是我的爸爸，他教我在日常生活中要用數學家的頭腦來思考。

納迪婭・薩雷爾

夢想STEAM職業系列

我是未來數學家

作　　者：辛妮·索馬拉博士（Dr. Shini Somara）
繪　　圖：納迪婭·薩雷爾（Nadja Sarell）
翻　　譯：張碧嘉
責任編輯：楊明慧
美術設計：劉麗萍
出　　版：新雅文化事業有限公司
　　　　　香港英皇道499號北角工業大廈18樓
　　　　　電話：(852) 2138 7998
　　　　　傳真：(852) 2597 4003
　　　　　網址：http://www.sunya.com.hk
　　　　　電郵：marketing@sunya.com.hk
發　　行：香港聯合書刊物流有限公司
　　　　　香港荃灣德士古道220-248號荃灣工業中心16樓
　　　　　電話：(852) 2150 2100
　　　　　傳真：(852) 2407 3062
　　　　　電郵：info@suplogistics.com.hk
印　　刷：中華商務彩色印刷有限公司
　　　　　香港新界大埔汀麗路36號
版　　次：二〇二一年七月初版

ISBN: 978-962-08-7811-4
Original Title: *A Mathematician Like Me*
First published in Great Britain in 2022 by Wren & Rook
Copyright © Hodder & Stoughton Limited, 2022
All rights reserved.

Traditional Chinese Edition © 2021 Sun Ya Publications (HK) Ltd.
18/F, North Point Industrial Building, 499 King's Road, Hong Kong
Published in Hong Kong, China
Printed in China

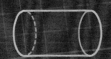